Olivier KISAPA MUKALA

DE NOS JOURS, OU VA L'AMOUR ET LE SEXE

Olivier KISAPA MUKALA

DE NOS JOURS, OU VA L'AMOUR ET LE SEXE

Le désir caché de l'autre

Éditions Muse

Imprint

Cover image: www.ingimage.com

Publisher:
Éditions Muse
is a trademark of
Dodo Books Indian Ocean Ltd. and OmniScriptum S.R.L publishing group

120 High Road, East Finchley, London, N2 9ED, United Kingdom
Str. Armeneasca 28/1, office 1, Chisinau MD-2012, Republic of Moldova, Europe
Printed at: see last page
ISBN: 978-620-4-96546-8

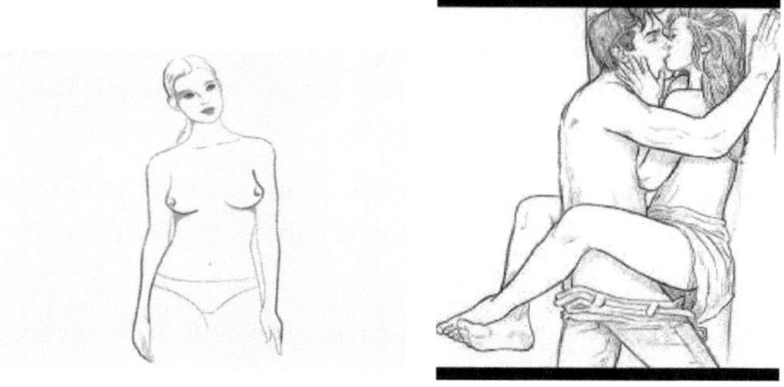

DE NOS JOURS, OU VA L'AMOUR ET LE SEXE !

Le désir cache de l'autre.

- ✓ *La femme, c'est le désir de l'autre ; pourquoi devient-elle le désir de l'autre ?*

Le désir sexuel peut être considéré comme ce qui constitue les mobiles de l'activité sexuelle, qu'il s'agisse de la pulsion, de la libido, de l'appétit sexuel, ainsi que de l'intérêt, de la motivation et de l'excitation sexuels. On pourrait, compte tenu de l'origine et de la nature mêmes du désir, se demander s'il existe un désir qui ne soit pas « sexuel ». La même interrogation concerne d'ailleurs aussi bien la libido et la pulsion, notions complexes.

Un profond sentiment de tendresse et d'empathie envers une personne peut se résumé comme amour. Mais nous devons savoir que l'amour comprend un large éventail de sentiments différents, allant de la passion amoureuse et de l'amour romantique, à la tendre proximité sans sexualité de l'amour familial ou de l'amour platonique et à la dévotion spirituelle de l'amour religieux. L'amour sous ses diverses formes agit comme un facteur majeur dans les relations sociales et occupe une place centrale dans la psychologique humaine, un fort attachement affectif à quelqu'un ou à quelque chose.

S'il renvoie souvent, dans l'usage courant, aux relations humaines, et plus précisément à ce qu'une personne ressent pour une autre, l'amour peut néanmoins aussi être « impersonnel »

Elle est née pour être admirée, aimé, chérir et attiré ; elle n'aime pas passer inaperçu en cours de route, cela fait d'elle une perfection parfaite que Dieu a créée « la femme ».

C'est l'être que Dieu a pris du temps pour la crée, et cela est montré par sa façon de voir le chose, de comprendre un homme, un copain, un chéri, ou un mari.

De tout idée et dans une société où l'image de la femme est réduite à un certain aspect du corps, il est important de comprendre que la beauté est avant tout le reflet de l'âme et la lumière qui éclaire. Et cette beauté se cultive au fil du temps. De l'enfance à la veilleuse.

La femme inspiré une beauté intérieure qui la vivifie plus. La femme répand comme une lumière mystérieuse sur la beauté du corps. À l'ère des selfies, on en vient parfois à oublier l'essentiel, ce qui ne se voit pas, mais constitue notre charme : la beauté intérieure. Invisible et captivante, elle constitue pourtant notre personnalité. Si la beauté extérieure se fane inévitablement, la beauté intérieure, elle, ne disparaît pas. Mieux encore, elle se cultive au fil du temps. Elle est belle, elle est formidable, elle est seule et elle est belle !

Aussi bizarre que cela puisse paraître, être belle (ou beau) ne facilite pas la recherche de l'âme sœur. Pour comprendre ce paradoxe apparent, il faut se souvenir que, même si chacun d'entre nous peut jurer la main sur le cœur que « ce n'est pas le physique qui compte », le fait est que lorsque l'on prend des couples au hasard, ils sont généralement bien appariés sur le plan physique. Les beaux avec les belles, les moyens avec les moyennes, les moins jolies avec les moins jolis. Généralement, car il y a des exceptions.

I. LES VARIATIONS DU DÉSIR SEXUEL

Le désir sexuel peut varier en fonction de l'âge, du sexe, de l'état hormonal, mais aussi de la libido et de l'objet du désir (ce qui attire les yeux, stimule le libido,…). Il peut également faire l'objet de véritables troubles.

1. ENFANCE

Le désir sexuel, selon les psychanalystes, n'a pas d'âge, puisque l'enfant tout petit en est pétri. C'est le stade de l'auto-érotisme, de l'amour du sein de la mère, puis des premiers émois liés à une personne réelle. Qui n'a pas connu ces émois enfantins auprès de papa, d'une tendre nounou, d'une jolie tante, de cousin(e)s séduisant, de l'oncle charmant.

Pendant son enfance et en grandissant, elle s'adapte si facilement à l'environnement humaine, et toujours courtoise, elle ne se méfie de personne et son amour est plus égale que celle porte sa mère pour son père,

Elle aime trop son père, qui apparaît pour elle, son premier amour ; c'est parmi l'amour plus sûre et sérieux qu'elle n'aura pas, sans hypocrisie, amour sincère, consolant, chérant, inconditionnel, vraiment tous ses qui ressorts du mot « amour » y sont.

Elle commence à développer les sentiment affective, sentimentale et attachement aux sexe opposé de la tienne et plus, elle devient aimante, courtoise, attachante.

Plus, elle se développe, plus son instinct maternel se développe aussi, attristé par le mal et mauvaise traitement pour les autres.

2. ADOLESCENCE

Le lien originel serait la première histoire d'amour, une continuation de quête à toutes les histoires amoureuses convoitées. L'attachement sexuel présenterait dès la naissance une activité neurophysiologique qui se maintiendrait dans l'enfance pour déborder physiquement sur l'âge adulte avec l'afflux d'hormones provoquant des réponses physiologiques à l'adolescence.

Elle s'adapte à l'amour que lui porte son père et ses choix d'homme s'orienté à eux ; comme son père ou ses frères, et cela si le mec se ressemble à son amour éternel qui est son père, il est encore plus content qu'avant. Et cela est sans pareil.

A l'adolescence ;le désir sexuel connaît un âge d'or chez l'adolescent et le jeune adulte. Il semble exister un décalage entre filles et garçons.

– Chez les garçons, l'excitation sexuelle est plutôt de l'ordre d'une excitabilité très vive, l'adolescent étant prêt à désirer tout ce qui peut donner lieu à une relation sexuelle. Cette excitabilité ne doit pas être entièrement confondue avec le désir sexuel qui suppose l'existence d'un objet spécifique. Bien souvent chez l'adolescent, toutes les filles sont désirables.

– Chez les filles du même âge, cette excitabilité sexuelle physique n'est pas présente avec la même intensité. Mais les comportements de séduction, les jeux amoureux et sexuels précoces, les préoccupations romanesques sont des équivalents psychiques et comportementaux féminins de l'excitabilité sexuelle physique des garçons.

• Avec l'âge, le désir sexuel peut s'émousser. Il semblerait qu'il perdure plus longtemps chez les femmes, peut-être du fait de la prédominance de la composante psychologique.

Dans son premier amour, le mot déception, mensonge, n'existe car elle est timide et limitée par ses activités, cherchant à s'adapte à la vie de la personne.

Une fois mûri, elle comprend tout de l'homme en plus, Dieu l'a donné une longueur d'avance sur l'homme sur le plan sentimental, affection, amour, déduction, intuition amoureuse ; elle possède de multiple facette.

La nature de l'objet sexuel donne au désir des caractères propres et à l'intéressé une identité spécifique. En effet, si l'objet sexuel est traditionnellement incarné par une personne du sexe opposé, on observe de nombreuses variantes.

• Désir homosexuel. L'objet du désir sexuel est ici nécessairement du même sexe (→ homosexualité). Hormis les cas de bisexualité, l'excitation sexuelle et a fortiori le coït sont alors impossibles avec un partenaire de l'autre sexe.

Le désir sexuel demeure identique dans ses caractéristiques. En revanche, sa mise en œuvre, la nature des fantasmes, l'activité correspondante, et enfin l'identité sexuelle sont spécifiques du désir homosexuel (→ rôles sexuels). Il semble bien s'agir ici de l' « objet » et non de la libido ni de la pulsion sexuelle, largement indifférenciée. C'est bien de la signification « sexuelle » de cet objet pour l'intéressé qu'il s'agit, et du plaisir attendu.

• Pédophilie. En dehors de toute considération morale ou juridique, un commentaire analogue peut-être fait pour le pédophile et le choix de son objet sexuel. La connotation identitaire est lourde de conséquences, de même que la position sociale du pédophile. Toutefois, on observe en général chez de très nombreux pédophiles une faible activité sexuelle, témoignant d'une faible pulsionnalité sexuelle. Leur fantasmatique est en outre particulière : plus esthétique et infantile que franchement sexuelle, ou bien sadique, avec des phénomènes d'emprise, compatibles avec la dénomination de « prédateur ».

• Paraphilies. L'objet sexuel détermine encore ici l'identité sexuelle de l'intéressé. Le problème est celui du contrôle social (y compris juridique, le cas échéant) des paraphilies – autrefois appelées « sexualités déviantes » – et de l'impact de ce contrôle sur l'activité sexuelle des intéressés.

Devant des multiples choix amoureux, son désir d'orientera en premier selon la qualité de mec qui a pu commencer avec elle, en référent sur son premier amour « son père », les cousins, les tontons puis viendra tant d'autre et les choix changera avec les circonstances qu'elle trouvera et cherchera à maintenir le cap.

Plusieurs périodes sont particulièrement à risque pour le maintien du désir sexuel : le passage de l'adolescence à celui de femme, la grossesse et la naissance de l'enfant, la ménopause ; phases de vie où la femme est particulièrement vulnérable dans son désir sexuel.

Des expériences sexuelles traumatisantes, des abus sexuels peuvent entraîner une altération de l'image de soi s'accompagnant d'une diminution du désir et des fantasmes sexuels allant parfois jusqu'à l'aversion sexuelle.

La liste est longue. Il faut aussi tenir compte de la personnalité, qui joue sur la perception des événements de vie, des maladies chroniques et des traitements médicamenteux qui influent sur la santé sexuelle sans oublier les dysfonctionnements du couple. Toutes les études ont rapporté une corrélation entre le désir sexuel féminin et le fonctionnement du couple.

Les consultations de sexologie ont pour socle une pédagogie de la différence afin de faire entendre aux consultant(e)s que les hommes et les femmes n'ont pas les mêmes attentes en matière de sexualité, ce qui a pour objectif de permettre une resynchronisation opérante du désir. Les médicaments de soutien séxo-actif n'ont pas de rôle curatif à long terme pour une complexité comme celle du désir. Les sexothérapies maniées par des praticiens formés en sexologie nécessitent une motivation au changement du/de la consultant(e) fondamentale pour la réussite de thérapies souvent difficiles dans ce domaine.

Ici, le désir de l'autre pour elle s'enfui en elle-même et elle souffre pour ça ou soit elle s'adapte si cava mal.

Lorsqu'elle vit seule et n'a personne, elle attire peu car elle est incapable de bien prendre soin d'elle, elle s'imagine des choses ; je n'ai personne et c'est pendant ce moment aussi que l'idée lui vient que je dois être très attirante, il faut que je m'habille en étant sexy, trop de maquillage, muni et laissant de partie de corps visible.

Le désir de l'autre est attiré par ce qui est caché mais laissé visible. Des fesses qui se dessine sur la jupe ou pantalon, écartement de cuisse pour montre son sous vêtement, caleçon, des seins visibles, des pénis en érection, des yeux séducteurs ; par-là, le désir de l'autre s'augmentera et sera attiré.

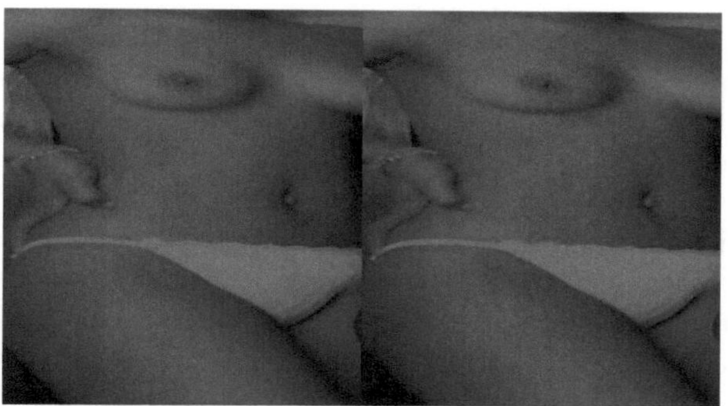

II. LE DESIR DE L'AUTRE

Le comblement de manque, le désir ou l'amour peut être perçu essentiellement comme la quête d'un manque, lorsque la notion oblative ne s'est pas développée. L'amour apporté à un individu ou un objet naîtrait par ce qu'il apporte à un individu ou qu'il serait susceptible de lui apporter. « Aimer » ne serait autre qu'une façon inconsciente d'avouer sa propre impuissance à l'autonomie pour un besoin particulier à un moment donné.

Aspect culturel, familial et éducatif. Le désir sexuel a certainement des expressions diverses selon l'éducation reçue, la présence ou non d'un environnement religieux, les traditions culturelles. Les variables familiales et culturelles jouent un rôle, facilitateur ou répressif, en ce qui concerne les modalités de l'expression du désir sexuel, plus ou moins canalisé, contrôlé, encadré, ritualisé. Elles n'ont aucun impact sur les manifestations intimes bio-psycho-sexuelles du désir, à l'exception peut-être de la culpabilité ou de la honte. Les manifestations intimes du désir sexuel, d'ordre physiologique, biologique, hormonal, physique et psychologique sont universelles.

• Aspect psycho-social. Le contexte social intervient non seulement sur l'expression du désir sexuel mais aussi sur ses caractéristiques. Par exemple, le groupe, la fête, les vacances, le climat, la disponibilité psychologique, la prise de substances festives, ont un effet activateur sur le désir sexuel – en particulier sur son intensité, sur l'excitation sexuelle, les critères de désirabilité de l'objet du désir, l'urgence de conclure, et probablement, sur l'activation de tendances agressives.

• Aspect psychologique. Les caractéristiques psychologiques des individus ont un impact certain sur le désir sexuel.

On peut penser que les personnes dont la personnalité est extravertie, avec des traits d'hyperactivité, d'hyperthymie (allant, curiosité, goût de la nouveauté, goût des relations humaines, intérêt pour autrui), dont on dit qu'elles « aiment la vie », ont une libido affirmée, et par conséquent une sexualité « en éveil », c'est-à-dire un désir sexuel facilement activé. Il ne s'agit pas pour autant de donjuanisme ni d'« hypersexualité », mais d'un goût patent pour les choses du sexe, ainsi que d'une sensibilité aiguisée pour la désirabilité d'autrui. Ces personnes savent généralement comment s'adresser à l'objet de leur désir et parviennent sans difficulté à leurs fins. Leur goût pour le plaisir, pour le plaisir partagé ou sa promesse, pour la virilité ou la féminité du (de la) partenaire est certainement communicatif.

En revanche, les personnes introverties, inhibées, dotées d'une faible estime de soi ont probablement sinon un trouble du désir sexuel, du moins des difficultés, tant dans ses manifestations perçues que dans son expression. Le désir pourrait ainsi déclencher chez l'intéressé angoisse, crainte ou culpabilité selon les traits psychologiques dominants. En effet, s'il est convaincu de son échec et de son incompétence sexuelle et relationnelle, l'intéressé réprimera son excitation sexuelle, en souffrira, se détournera de l'objet du désir. Il n'est pas exclu qu'il développe un sentiment négatif envers lui-même et envers autrui, tandis que se renforcera son sentiment douloureux d'infériorité. La phobie sexuelle n'est pas loin, mais dans certains cas, l'agression sexuelle non plus.

Le désir qui s'exerce dans le domaine de la sexualité produit les phénomènes suivants :

• activation de l'excitation sexuelle par une chose, une personne réelle, une représentation, un fantasme – il s'agit dans tous les cas de l'« objet du désir sexuel » ;

• tension active de la personne vers l'objet désirable (réel ou imaginaire) ;

• production de fantasmes et de scénarios relatifs à l'objet désirable, à l'activité sexuelle attendue, au plaisir (→ fantasme) ;

• orientation du comportement vers la satisfaction du désir : ce sont les jeux de séduction, et l'ensemble des comportements de « cour », dont on observe combien ils codifiés et ritualisés chez les animaux – chez les humains, les rituels varient selon les époques et les cultures.

Besoin d'aimer ou besoin de se sentir aimé ne serait autre qu'un besoin égoïste, qu'une attente de la personne qui pourrait combler les 'manques' immatériels ou matériels qu'elle ne serait pas capable de satisfaire par elle-même.

Regardant bien, elle devient toujours et trop belle et attirante c'est lorsque l'autre sort avec elle, lorsqu'elle est engagée, lorsqu'elle est mariée, c'est là que le désir de l'autre surgie, devient attirant, sensuel, sexuel, épanoui et souriante. La confiance entre en elle, et elle mûri.

Elle se transforme malgré son engagement, elle veut aussi que l'autre le désir, elle fait passé sa beauté, sa charmant en avant, elle aime se sentir aimé, désiré, caresse, baissé par l'autre pour voir son niveau d'attirance.

Etre femme, c'est une merveille que peu reconnaisse en eux ; car elle préfère voir ailleurs. Préfère être comme les autres, s'inspiré du maquillage, de style, de look, etc. des autres.

La femme, est l'une des êtres inimaginable, capable de tous et de rien en même temps sauf quelque pourcentage d'eux qui encore aux des esprits élevés.

La femme ; un être insatisfaisante ; elle ne sait pas ce qu'elle veut et ce qu'elle vaut. Souvent elle se limite de ce qu'elle voit, simplement féminine et illusoire ; physique et matériel facile en manipulé.

Elle désire tout et aiment tous, un être avec une capacité multipartisme, multi stratège ; désirant ce qu'elles n'en veulent pas. Elle est parmi les créature de Dieu la plus magnifique et attirante, l'être la plus magnifique que Dieu ne puisse crée ; dès sa naissance ; elle a déjà acquis le multipartisme pour un atout jamais égalé ; un multipartisme qu'elle pourra développer selon sa guise a optant soit de la Socialisme, soit de la Communiste, Conservatrice soit encore le plus pure d'eux, le Capitalisme.

De tous les multipartismes acquissent ; la plus pure de tout est dans le capitalisme ; cette sens de multipartisme ; celle-ci se développe plus lorsqu'elle est mal entourée ; mal guide, abusé, violé etc. ; la femme, immense est son amour à tout égard, elle est insatisfaisante mais aimante ; elle aime plus que tous êtres sur terre. Son amour, elle est acquise depuis le ventre de la personne qu'elle porte ; inutile de l'inculqué l'amour car elle-même est amour. Une particularité unique malgré les maux, abus, viols, déception etc.

Genre :

- *Genre capricieuse* : elle est la représentante de l'enfantillage féminine dans l'ordre de l'amour, ses caprices la rendent encore attirante auprès de l'homme, chanceuse elle arrive à contrôle les hommes qui la courtois et en profité pour soumettre ses caprices, souvent ces sont des femmes ou filles minces, jolies, intelligente, fille à papa dégagent encore l'odeur du lait de sa mère. Sa particularité est magnifique, si elle aime ; tu es vraiment heureux et paix du cœur mais si elle ne t'aime pas, elle ne t'aime pas malgré tes efforts, abandonné et allez y voir ailleurs.

- *Genre Mince* : une représentation des divas, souvent elles sont dans le mode, look, classique ; attirante pour le luxe, jolie est son paronyme et modèle dans les affaires, aiment être désirée. Sa particularité, vient à cause de sa minceur ; de fois elle est oblique de remodifié encore plus ses habits pour la convenir et elle se masturbe trop, cette genre de fille se masturbe plus que tout autre. Pour elle, pour garde un homme, il faut lui donnée ce qu'il veut, c'est-à-dire le sexe.

- *Genre Longue jambe* : rare si elles ne sont pas belles ; la majorité des filles de longue jambe son souvent très jolie et attirante, par leur longueur ; les hommes élancés sont souvent leur apanage. Sa particularité ; vient au lit, elle mouille beaucoup le lit pendant l'acte sexuel (éjaculation féminine) qui arrivé même à faire arrête l'ébats.

- *Genre autoritaire* : souvent les femmes courtes qui y figure dans cette genre, elle imposé des choses inattendues aux hommes, jusqu'à arrive à se promène avec un homme élancé deux fois sa longueur, et capable des dictés les règles dans une relation amoureuse, amour sans partage et acquis personnellement. Mais son de mère vraiment protectrice.

1. LE DESIR CACHE DE L'AUTRE

1.1. LE DÉSIR SEXUEL ET LE COUPLE

La satisfaction sexuelle des femmes est liée à l'affectivité, l'intimité et la communication avec leur partenaire. La femme a besoin de passer par les sentiments pour faire l'amour, quand l'homme a souvent besoin de faire l'amour pour accéder aux sentiments.

Il y aurait chez elle un désir « basal, spontané, indicateur de température sensuelle » et un « désir réactif » venant en réponse à une stimulation sexuelle : l'intérêt sensuel féminin vient de stimulations adéquates à ses attentes et à sa réceptivité personnelle.

D'autres lectures décrivent le rôle des neuromédiateurs dans le cryptage de la vie émotionnelle et psychosociale : les neurones dopaminergiques sont particulièrement impliqués dans le désir sexuel, ils réagiraient à des stimuli ayant déjà une signification au cours de l'histoire de l'individu par l'intermédiaire de connexions avec le système limbique, ce qui met en avant l'importance de l'histoire personnelle.

Chaque événement de la vie d'une personne est intégré dans des zones neuronales associatives qui seront activées ou inhibées selon le contexte et en fonction de l'importance de ses empreintes relationnelles et affectives. Le désir va ainsi osciller entre excitation et inhibition, balance que le contexte va faire pencher positivement ou négativement.

Le désir sexuel reste une expérience personnelle et unique. On peut lister les facteurs qui façonnent, facilitent ou bloquent les mécanismes du désir sexuel féminin et qui ont inscrit les empreintes qui font osciller cette balance intime :

- l'attitude et les interdits des parents vis-à-vis de la sexualité, les croyances religieuses générant de la culpabilité, les mythes et les peurs irrationnelles autour de la masturbation, de certaines positions et pratiques sexuelles ;

L'imprégnation linéaire en testostérone de l'homme, qui n'est pas soumis comme la femme de manière cyclique aux hormones responsables du désir, peut expliquer une relative constance dans leur désir ; le taux de testostérone ne décroissant que très progressivement avec l'âge. Ils sécrètent vingt fois plus de testostérone que la femme et, pour répondre aux attentes de leur partenaire, les femmes devraient fonctionner en surrégime émotionnel, être très amoureuses et très excitées. Ce qui ne va pas de soi à certaines périodes de leur existence : grossesse, accouchement, allaitement, règles…

Les déterminants qui fondent le couple sont divers. La sexualité en est l'un des plus importants. S'il existe des unions sans sexualité, cela confère rarement aux partenaires le statut de « couple ». L'absence de sexualité rend en effet difficile l'existence et le maintien d'un couple « harmonieux ».

1.2. LE PROBLEME QUI RONGE LE COUPLE AUX XXIème Siècle

1. HOMOSEXUALITE

Jadis reste sans problème à l'époque de Sodome et Gomorrhe ; qui fut punissable par Dieu, aujourd'hui a refait surface surtout cacher dans des couples ; par contre les couples dont tout est reconnu ne court aucun problème, car ils savent comment ils peuvent se gèrent entre eux aux regards des invites et la famille ainsi qu'au regards des enfants.

Ici, si le mari est homo et que la femme n'en connait pas ; c'est là que vient le grand problème de la confiance et du respect. Et le jour ou la femme sera aux courant cela affectera même les enfants et directement le couple ira jusqu'à rompre.

2. LEBSIENNAGE

Ici, l'homme se sentent trahi et reste triste comme chez le couple homosexuel

1.3. RÔLE DU DÉSIR SEXUEL DANS LE COUPLE

S'il n'y a pas de couple heureux sans sexualité harmonieuse, c'est que chacun des conjoints doit éprouver de manière élective et durable un désir sexuel pour son partenaire, désir partagé, désir attendu, désir fiable. Le désir sexuel a une fonction de réassurance narcissique pour chacun, qu'il conforte dans sa capacité à être désiré et à satisfaire son partenaire. Le désir sexuel est aussi une promesse de plaisir et d'intimité, de « renaissance » amoureuse et complice. En ce sens, il intervient de manière « dynamique », comme une sorte de réactivation de la relation amoureuse du couple.

1.4. ÉVOLUTION DU DÉSIR SEXUEL DANS LE TEMPS

Certains couples éprouvent de manière permanente un désir sexuel mutuel. Ce désir déclenche une sorte d'émotion élective liée au conjoint, résistant au temps. Et s'il arrive que l'activité sexuelle diminue, que le désir soit moins vif, l'émotion élective perdure comme témoin, comme trace de ce qui constitue, dans un couple, le désir sexuel. La tendresse des vieux couples s'exprime par des gestes, des mots, une sorte de « cadence » et d'harmonie des échanges, qui en disent long sur leur intimité, leur complicité amoureuse, et finalement leur vie amoureuse et sexuelle, qui fonde la singularité de leur couple.

D'autres couples n'ont pas cette chance, que le désir s'émousse et disparaisse avec le temps chez chacun ou que l'un des partenaires déplace son désir ailleurs.

Enfin, le désir fluctue, au gré de l'évolution de la vie professionnelle, des contraintes familiales, des naissances... Les crises au sein du couple sont banales et fréquentes. Non sans risques, elles sont en général surmontées et contribuent à le rendre plus solide. Le désir sexuel connaît alors en général un regain de vigueur, ce qui atteste qu'il était latent au cours de la crise.

1.5. RISQUES LIÉS AU DÉSIR SEXUEL POUR LE COUPLE

Les avatars du désir sexuel sont à la fois fréquents dans un couple, et critiques. Le désir sexuel est un peu le baromètre de l'entente du couple. Parmi tous les facteurs qui assurent les liens et la pérennité du couple, la sexualité et par conséquent le désir sexuel en sont les principaux. De sorte qu'on a pu dire que si le désir sexuel demeurait vivant au sein d'un couple par ailleurs en conflit ouvert et déchiré, le plus souvent rien n'était perdu. L'inverse est malheureusement presque toujours faux. La meilleure entente sur les plans intellectuel, philosophique, religieux, financier, pas plus que l'amour des enfants, ne suffisent habituellement à faire un couple. Une simple « association », sans une sexualité vivante, forme la plupart du temps un couple bancal.

L'un des problèmes qui se pose alors au couple est d'entretenir son désir, comme un « feu sacré », le protégeant des aléas de la vie, des rivaux éventuels, de la monotonie. Les conjoints doivent partager à part égale ce souci.

Certains trouvent des solutions qui semblent aventureuses, voire dangereuses : l'adultère, les aventures peuvent apparaître comme des stimulants pour les deux conjoints. D'autres font des pauses ou aménagent des fenêtres dans leur vie commune, « s'aèrent », se renouvellent. Mais ce n'est pas sans risque, car on apprend ainsi à se passer l'un de l'autre ; il n'y a plus ni partage ni communauté, le désir sexuel peut sembler décalé, presque incongru et violent, et la sexualité inauthentique. Il y a aussi ceux qui parviennent mutuellement à prendre le relais de l'autre et ils sont tour à tour la locomotive du désir sexuel des deux.

- ✓ *Demandons-nous, qu'est cherché une femme mariée au près d'un homme marié ou vice versa* ?
- ✓ *D'où vient l'origine du désir de l'autre ?*

On lui attribue en général deux sources :

• une composante interne, la pulsion, dont la manifestation sexuelle générale peut être identifiée à la libido. Tout être humain est doté de cet « équipement biologique », à l'origine de toutes les formes instinctuelles qui contribuent en effet au maintien de la vie (faim/alimentation), à sa défense (combativité, agressivité), à sa perpétuation à travers la reproduction (sexualité). Le désir, ancré dans l'inconscient, apparaît comme une expression psychique plus élaborée de la pulsion et de la libido, parce qu'il est associé à une émotion, le plaisir, et qu'il est source d'une activité psychique intense, représentée par le fantasme.

• une composante externe, l'« objet », chose ou personne, distinctes et extérieures, ou bien « représentation psychique », élues pour satisfaire sexuellement la pulsion et la libido de l'intéressé (→ choix d'objet).

III. LES MANIFESTATIONS DU DÉSIR SEXUEL

Elles sont rarement silencieuses, sauf dans les romans ou chez certaines personnes dont l'inhibition et la faible estime de soi sont des facteurs limitants, les incitant à préférer taire ou ignorer leur désir.

• L'attirance. Chez les deux sexes, il y a d'abord l'attirance : pour une personne, mais souvent pour un détail ou un point particulier – la voix, un geste, une posture, un regard, un mot, un vêtement – ou même un contexte qui rend désirable l'objet. Ce détail « fait » ensuite l'objet, il l'incarne ou le représente, et, tel une « porte d'entrée », il permet aussi d'accéder à sa globalité. Ce détail est spécifique, mais il est l'écho sans aucun doute d'une expérience ancienne et oubliée.

L'attirance agit comme un aimant (dans tous les sens du terme) et active le désir.

• L'activation sexuelle. Chez la femme comme chez l'homme, l'attirance produit deux effets, physique et psychique :

– l'excitation sexuelle, qui peut difficilement se produire à l'insu de l'intéressé. Chez l'homme, les manifestations génitales sont patentes, véritable « boussole » de l'excitation et du désir sexuels. Chez la femme, l'émoi physique peut être plus discret, mais on ne peut ignorer les manifestations neurovégétatives, les signes encore plus évocateurs lorsqu'ils sont génitaux, les sensations de « jambes molles », les rougeurs, l'émotivité paroxystique…

– simultanément, la personne est envahie psychiquement par la représentation de l'objet de son désir, par le « détail » signifiant et par ses propres états émotionnels qu'il s'agit de contenir (mais auxquels il serait si bon de s'abandonner). Et aussi par une intense activité fantasmatique, centrée sur l'objet de son désir et la possibilité d'y accéder, non dénuée d'inquiétude ou d'anxiété, voire d'agressivité.

Le problème est de parvenir au but, de conquérir l'objet. Scénarios, plans, stratégies défilent. Questions taraudantes : en est-on capable ? Et l'autre, qu'éprouve-t-il (elle) ? Où en est-il (elle) ? Peut-on espérer une réciprocité ? Existe-t-il des obstacles ? Sont-ils surmontables ? Peut-on différer longtemps la satisfaction de son désir et le plaisir attendu ? Et « après », bonheur ? Déception ? Et comment continuer à vivre « normalement ».

Tout simplement, le sexe, la sensualité, l'euphorie, l'épanouissement euphorique ; il arrive qu'on soit marié mais on n'est pas épanouie. Le désir de l'autre, l'aide à se sentir belle, aimée, accompagnée.

Une femme aimant à tous son amour focalisé sur un seul homme à condition que celle-ci son réciproque et pas de mensonge, à chaque fois de parole douce, de l'encouragement, de l'estime, de la compassion, de l'accompagnement ; et surtout de la valeur. Elle est prête à se laissé au près d'un autre si tout ceux-ci n'y est pas.

Elle se laisse auprès de quelqu'un autre juste pour ce moment si douce, de l'encouragement, de l'estime, de mot douce « chérie bonjour, tu es trop belle, tu es bien habillé, tu mérites un bisou, bisous, partage de secret, le comprendre, lui venir en aide, le parler, l'écouté etc. et cela est vice versa ».

- De tous ces problèmes personnels et familiales qui peuvent posés mille et une question d'attachement au désir de l'autre, il y a le plus important c'est le SEXE et le mensonge ; qui est le commencement de toute chose et même le commencement de ladite séparation, de la convoitise, de désir de l'autre ; de l'attachement sensuelle et surtout de l'attirance. Le manque d'activité sexuel dans un couple est une perte, manques-en gagné et surtout l'absence de discussion.

- Il faut savoir que beaucoup au recourir à l'attachement des autres pas par leur faute mais de la personne non romantique non douce, non sexuelle non familiale et où règne le mensonge.

✓ Il y a quoi dans le sexe pour que l'autre reste attaché à un amour interdit ?

C'est un amour interdit en sens transversal ou on est obligé de se caché auprès de ce qui vous connaissez pourvu qu'il ne puisse pas témoignée aux yeux de tous ; c'est un amour complexe ou la jalousie n'a pas vraiment sa place car en sachant qu'on est tous mariés quelque part et ce que nous faisons est interdit mais puisque on se désir, restons sexuels juste.

Dans tout couple ou dans tout relation, il y a toujours une histoire qui pousse l'un ou l'autre à désirer son prochain ; cette attirance à une source très proche et surtout familial.

a. Pour une femme : son choix s'orientera sur ce qui le plait plus et surtout semblable à son amour d'enfance, soit papa, grand frère, un cousin ; la beauté que refléterez son mari y sera comme un membre de sa famille.
b. Pour un homme : c'est la même chose mais plus sur la beauté que reflète sa mère, ses sœurs ou cousines

- Par exemple : Diane ; elle est sous la charme d'OrliK, c'est ça son désir mais elle doit regarder si Orlik s'habille bien et puis il s'habille comme qui concernant l'un de ses frères ou cousins, à la fin ; elle va chercher à voir, Orlik se ressemble avec quel frère Erick son grand frère ou Jean son petit frère selon le désir qu'elle porte sur son frère.
- Pareille pour Orlik, il va chercher à voir si Diane se ressemble avec ses sœurs, il cherchera, si elle se ressemble avec Blandine sa petite sœur ou Julie sa grande sœur…

Car nous avons tous quelqu'un de la famille qu'on aime plus et comme il n'y a pas moyen de s'accouple où sortir avec, pour éviter l'abomination, on cherche a aimé un ou une semblable pour dissipé le vite dans nos cœurs.

IV. CARACTERISQUE DE RAPPORT SEXUEL POUR LE DESIR DE L'AUTRE

1. Rapport sexuel au bureau ou Job sex

L'image parle, le sexe au bureau est le plus fréquent pour le désir de l'autre, marié ou pas, le fantasme au bureau recours à multiple pratique que beaucoup en fait. Bien que, c'est l'un de pratique le plus interdit mais le plus pratiqué. Et souvent dans le domaine tel que Médecines, Journalisme, Marketing, Administration privée, Enseignement, Culture…

C'est toujours avec son adjointe ou assistante, le chef s'en prend à son subalterne pour assoir son charme et autorité.

Cela est souvent dirigé pour le femme et homme non épanoui à la maison, et habitué au premier coup sexuel, juste pour un coup. D'où vient leur attirance, cela provient de la façon de leur habillement chic, sexy, attirante, et cela l'amène à un approchement petit à petit et vue que ce sont tous de marié, leur amour est juste intense au bureau et moins visible dans le quartier mais de signe se montre peu dans le foyer lorsqu'ils font deux jours sans se voir ; le désir de l'autre aimerait l'appelé ou cherche à tchatté et cache de conversation. Il y a plusieurs positions kamasoutra

2. Rapport sexuel voisin-voisine ou vice versa ou Vsex

Est parmi le plus pratiqué pour le désir de l'autre, et c'est ici ou intervient plein de divorce, de complication, de jalousie, de crime, de l'erreur etc.

Ici, c'est un désir normal ou le courtoisement à commence à la rue, soit au marché, au bureau, et surtout de partout ; par le coup de foudre ou encore par la faiblesse de foyer ou manque d'argent. Surtout là, le désir de l'autre s'orienté pour une vie aise et paisible.

Cette relation est le plus dangereux de tout autre relation car ça fait souffrir tellement le partenaire qui sont en premier temps soit ami, soit parenté ou encore un membre de famille.

3. Rapport sexuel entre cousin et cousine ou sœur et frère

Ici le désir commence dès l'enfance et se développe avec l'attachement qui a ces deux personnes, personne ne remarque leur amour ni leur désir car c'est enfui dans l'amour familiale, personne n'y croit et personne n'accepte.

Ils se voient souvent mais rarement pour le sexe.

- Cousins et Cousines

Ici, l'amour est vraiment sincère et jalousée même ; leur désir n'est pas seulement sexuel mais aussi d'attachement, de la famille.

Les positions sexuelles le plus pratique dans une relation

Hormis ce dont nous voyons dans des scènes de pornographies ; chaque relation a sa préférence en matière de position aimé et chaque homme ou chaque femme en a le sien.

Voici le plus souvent pratiqué dans tous le relation sexuel ou couple

POSITION

- Position 2,3 et 6 :

C'est le plus pratique dans des couples, simple pour sa pénétration quel que soit la grandeur ou longueur du pénis ou largeur ou épaisseur du vagin ou grande lèvre.

L'orgasme est ressenti et le couple est épanoui.

- Position 7 et 13 :

Parfois rejette par certains à cause de religion, à cause de la parole de Dieu « la bible » *ou on dit, tu ne coucheras pas avec une femme comme fait le chien, ou les animaux*. C'est parmi des position, le plus aimé de l'homme et c'est mieux adapté aux sportif car ça tir le muscle de la cuisse pour l'homme et la femme restant en quatre pattes pour certains et à deux pieds ou mains suspendus ne peut que ressentir toute la rigidité et le va et vient de son partenaire.

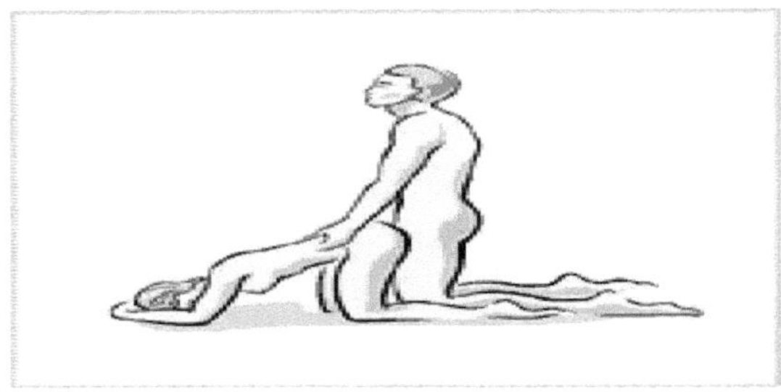

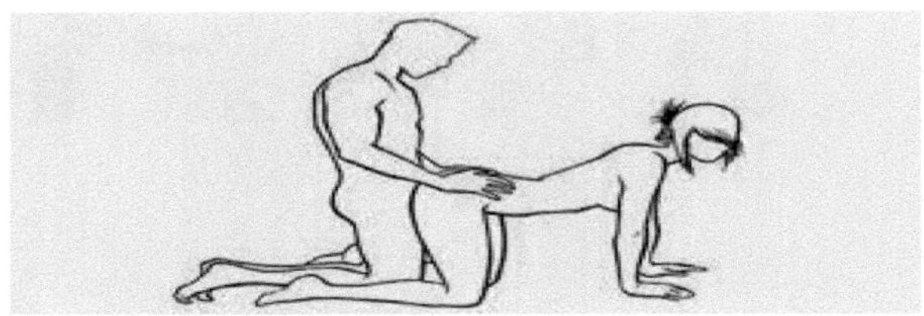

- Position 17 :

C'est l'un de plus stimulant que la femme aime car elle a la possibilité de mouvoir, contrôlé son orgasme et la pénétration ; elle peut prendre le contrôle sur l'homme et le faire jouir et le faire éjaculé si vite.

- *Type des femmes*

Il l’a résulté des plusieurs types voire même plusieurs caractéristiques.

Femme Courte :

C’est l’une du genre la plus compliqué des tous ; par sa taille et ses désirs, considéré comme sous-estimé, femme courte déploie tout pour elle, une femme problématique, est compliqué dans sa manière d’y être, souvent sont dans le cas de Socialisme mais une fois mère au foyer, elle développé le Communisme rarement et le Capitalisme mais un fin parti oui.

Aimant trop le sexe, désirant à tout prix d’être directement marié souvent avec des hommes longs de taille. Une femme aimant trop le sexe et trop souvent colérique.

Désirant toujours à se mesuré avec d’autres filles sur le plan autoritaire, la femme courte est très sensible au manque de respect à son égard. Toujours mimi et belle.

Types des seins

LE DESIR SELON LES FESSES

Il en existe plusieurs formes de fesses qu'à une femme mais elle se résume à 4, et elle s'oriente selon le désir de chaque et à l'attirance qu'à une personne à l'écart de l'autre.

C'est la partie la plus regarde de l'homme ; le derrière d'une femme et surtout il s'imagine déjà avec elle, le regard qu'envoie un homme sur une femme, c'est de voir comment les fesses bouges, et s'imagine déjà eux deux.

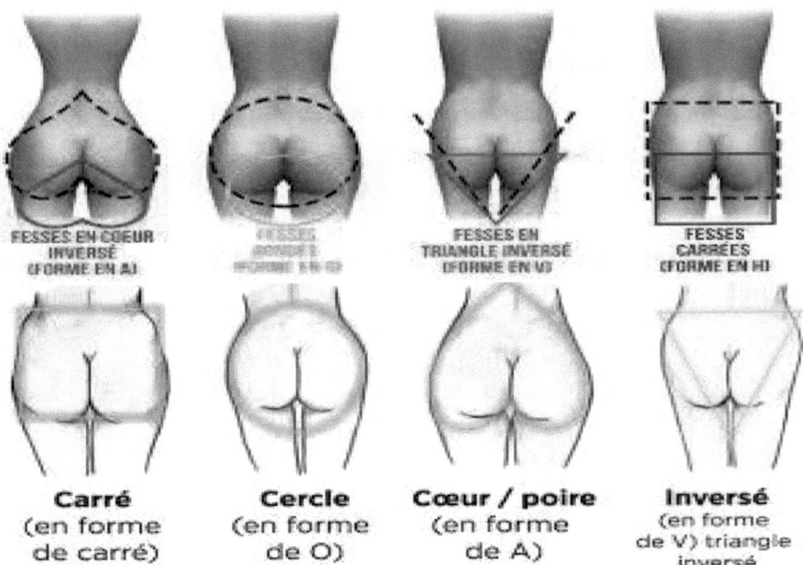

1. FORME CARREE

Les fesses carrées possèdent des hanches très marquées mais courtes ce qui crée une sorte de marche avant le muscle fessier, la graisse a tendance à se fixer dessus quant au muscle fessier, il est long et droit ce qui crée une forme carré d'un bout à l'autre de la fesse.

2. FORME INVERSE OU EN V

Cette forme de fesses est certainement la moins attrayante, les fesses ne sont en fait pas très développées et de la graisse s'est accumulée sur la taille, ce qui crée une forme disgracieuse.

3. FORME EN CERCLE OU RONDE OU EN O

Le fameux bubble butt, c'est une fesse ronde sur les trois dimensions : ronde sur les hanches, ronde sur le galbe et ronde sur la chute de reins avec une cambrure haute et marquée, cette forme très recherchée est la favorite des chirurgiens esthétique latin qui tendent systématiquement vers cet idéal, c'est une forme très proche des canons afro et latin, ultra féminine elle s'adapte à la plupart des idéaux de beauté. Elle crée une transition harmonieuse entre les hanches et les fesses.

4. FORME EN CŒUR

Les fesses en forme de cœur ou A-forme est généralement considérée comme la plus harmonieuse. Plus proche des canons européens. Elle se projette moins sur l'arrière mais compense par une taille fine et des hanches large se projetant sur les cuisses.

V. COMMENT TROUVONS-ON L'ORGASME POUR LE DEUX SEXE

L'orgasme , c'est une forme de plaisir très forte que l'on peut ressentir quand on est très excité sexuellement. Mais ce n'est pas automatique.

Même si aujourd'hui, on a tendance à dire qu'il faut toujours jouir et faire jouir, et le tout dès les 10 premières minutes, dans la réalité, ce n'est pas aussi simple. Le corps n'est pas une machine, il ne suffit pas de passer « commande » pour que l'orgasme arrive !
Et d'ailleurs, à vouloir gagner directement le gros lot, est-ce qu'on ne passe pas un peu à côté de plaisirs déjà très sympas.

Les mécanismes de l'orgasme

Chez l'homme, l'orgasme s'accompagne de l'éjaculation ; les muscles du périnée se contractent à un certain rythme.

Chez la femme, au moment de l'orgasme, le clitoris se rétracte et le périnée et les muscles du vagin se contractent à un rythme plus important.
Voilà pour la « mécanique », mais passons au vécu, aux sensations : au moment de l'orgasme, sous l'effet de stimulation, on se sent très excitée, on ressent une montée fulgurante du plaisir jusqu'à un maximum. Tout s'accélère alors, respiration, battements du cœur, les muscles se contractent en rythme.

Puis, c'est le feu d'artifice ultime avant le relâchement.

L'orgasme, ça peut prendre du temps.
L'orgasme, ça s'atteint rarement du premier coup. C'est un apprentissage. Apprendre à connaître son corps, celui de son/sa partenaire, à fonctionner ensemble. À maîtriser la montée du plaisir, à le ralentir éventuellement pour être en phase avec l'autre. Ça peut prendre du temps. Alors pas besoin de chercher à tout prix dès les premiers rapports à « assurer » de ce côté-là. Tu verras, tu prendras sûrement beaucoup de plaisir si tu ne te mets pas trop la pression.

L'orgasme, ce n'est pas automatique
On n'a pas forcément un orgasme chaque fois qu'on a une relation sexuelle. Ce n'est pas systématique ! Mais ça ne veut pas dire non plus qu'on n'a pas de plaisir. On peut avoir beaucoup de plaisir sans explosion finale. Quand c'est très bon et très intense tout le long, en général, on ne s'en plaint pas !

Des orgasmes multiples et variés

Une même personne n'a pas deux orgasmes identiques, ni avec les mêmes sensations, ni de la même intensité. Il y en a de plus ou moins forts. Ça dépend de plein de choses : de son état physique (en pleine forme ou crevée), mental (si on a des soucis ou pas), des circonstances, du désir qu'on a pour son/sa partenaire…Et puis, on peut aussi avoir un orgasme sans éjaculation. Tout comme on peut éjaculer sans orgasme. Quoi qu'il en soit, à chaque fois, c'est un moment unique, qui ne se répète jamais à l'identique.

Caresses, baisers, stimulations, positions… et tout ce que peut suggérer l'imagination. C'est ce qu'on appelle les « pratiques » sexuelles. Quelles qu'elles soient, elles sont avant tout le fruit d'un désir , d'une excitation, d'une complicité et d'un consentement des partenaires. Si on a un peu peur de certaines ou qu'on n'en a pas vraiment envie, il ne faut surtout pas se forcer. Savoir dire non. C'est à chacune de décider ce qu'il/elle a envie de faire ou pas. Si ce n'est pas un moment de plaisir pour chacune des partenaires, ce n'est pas la peine… Et chacune peut évoluer ; on peut ne plus vouloir certaines choses, et être d'accord pour de nouvelles. Voici une petite description des pratiques les plus courantes.

C'est quoi les préliminaires ?

Ce sont tous les gestes (caresses, tendresse, baisers…) qui ont pour but de stimuler le désir, exciter et procurer du plaisir. On leur donne le nom de préliminaires, parce qu'ils arrivent souvent avant la pénétration : ils la facilitent et la rendent plus agréable.

Mais, les préliminaires c'est beaucoup plus que ça. Tous ces gestes, ces caresses permettent de de se détendre, mais aussi et surtout d'avoir et de donner du plaisir. On peut très bien avoir du plaisir avec seulement des « préliminaires ». La pénétration n'est pas une obligation pour qu'un rapport soit réussi.
Et c'est parce que c'est bien plus que de la simple préparation, que les préliminaires sont bien une relation sexuelle à part entière. Ça veut donc dire que ton-ta partenaire doit être d'accord.

C'est quoi la pénétration vaginale ?

C'est la pénétration du vagin . Elle peut être faite par le pénis , par les doigts, par un sex toy. On peut ne pas aimer, ou ne pas vouloir à chaque fois qu'il y ait une pénétration. Cela dépend des moments, des partenaires et du désir de chacune, et c'est important de pouvoir le dire ! Utilise toujours un préservatif (masculin ou féminin), même si tu as déjà une contraception , pour vous protéger – toi et ton/ta partenaire – des infections sexuellement transmissibles.

C'est quoi la sodomie ?

C'est une pénétration de l'anus par le pénis, les doigts, et même un sex toy. C'est une pratique qui demande de la douceur et des préliminaires. Et aussi quelques précautions comme utiliser un préservatif (même avec les sex toys) et un lubrifiant adapté avant et pendant le rapport. Car l'anus ne se lubrifie pas naturellement.

Autre recommandation : ne pas passer d'une pénétration anale à une pénétration vaginale ou buccale sans avoir changé de préservatif, s'être lavé soigneusement les doigts, le sexe (ou son sex toy), car sinon on risque de transmettre des germes , des parasites , des IST vers les autres orifices.

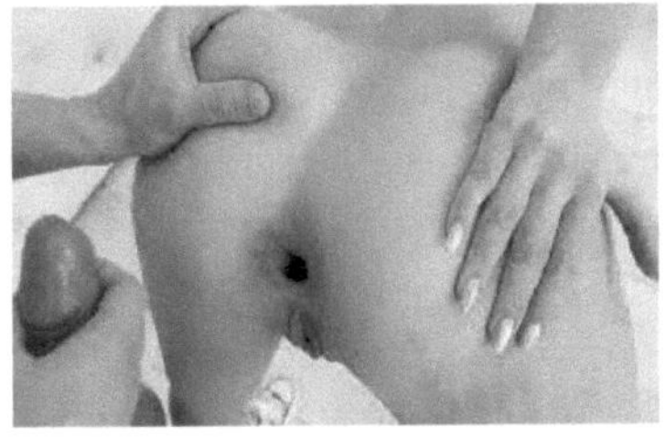

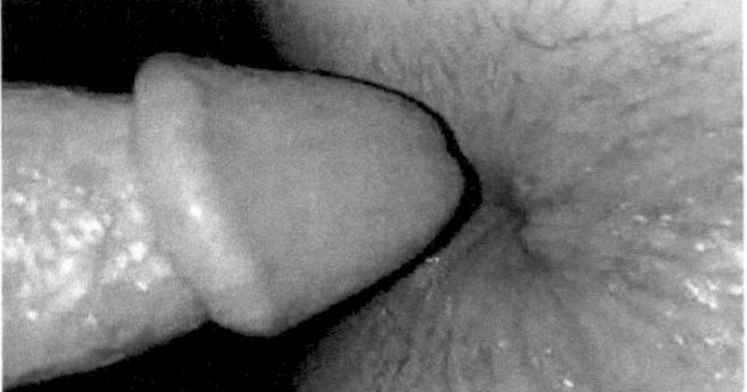

Comment pénétré dans l'anus sans causé plus de douleur ?

- Premièrement il faut prendre du temps pour caressé l'anus, en massant lentement de l'extérieur à l'intérieur, puis
- Faire passer le gel en introduisant l'index lentement et surement en caresse avec le gel, il faut savoir que l'anus est plus vascularisé et rien ne sert à la précipitation et l'anus ne secrète rien.
- Une fois entre le gel en faisant le mouvement de va et vient au moins pendant 5 à 15 minutes pour que l'anus s'adapte au mouvement et à l'action
- Puis introduise la tête du pénis avec gel, pour faciliter la passation et une lubrification efficace permet à une coïte merveilleux.

N'est introduise pas le pénis sans lubrification car il y risque d'avoir le déchirement anal et douleur intense, risquerait de provoque de l'inconfort

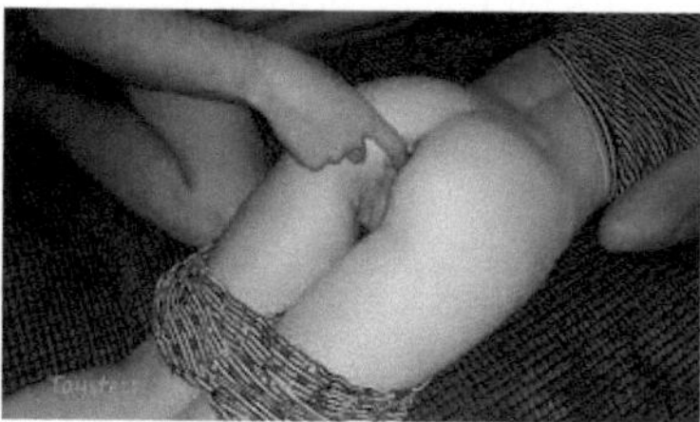

L'index est accompagné de gel et caresse lent, puis introduit

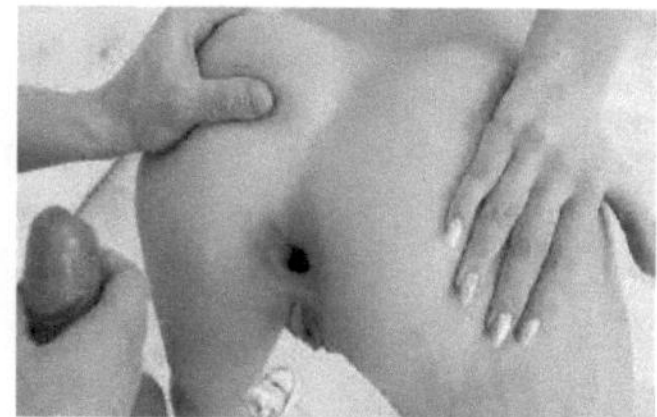

Ici, même l'anus est prêt à recevoir le pénis car il est devenu oval

C'est quoi la masturbation ou "branlette"

C'est se donner du plaisir seul(e) (ou en donner à son/sa partenaire) par la stimulation des organes sexuels : pénis, gland , anus , clitoris , vagin, zones érogènes, avec les mains, les doigts ou des objets.

La masturbation, c'est une manière de se découvrir, de découvrir sa sensualité, ses envies, son plaisir, d'apprendre à le ralentir ou à l'accélérer.

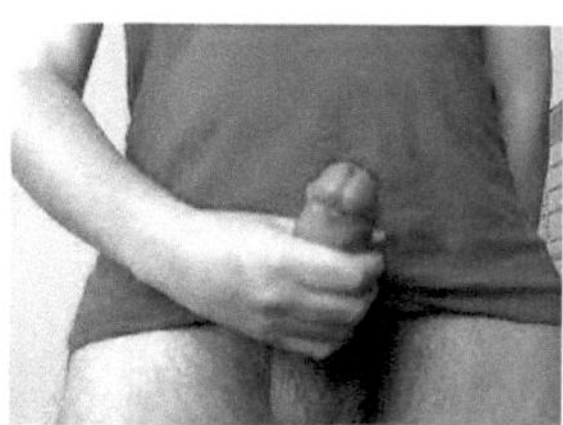

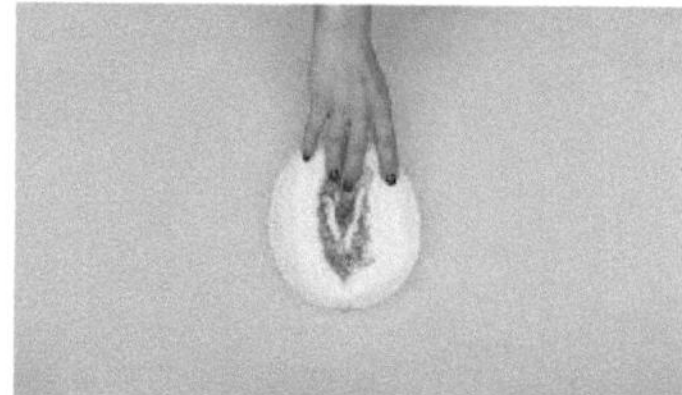

C'est quoi un cunnilingus ou "cunni" ?

C'est embrasser, lécher, stimuler avec les lèvres, avec la langue le sexe d'une fille. Pour ne pas risquer d'attraper des IST, il vaut mieux ne pas se brosser les dents avant ou après (pour ne pas avoir de micro-saignements aux gencives), et éviter de le pratiquer pendant les règles . L'idéal, c'est de découper un rectangle dans un préservatif et de le mettre entre sa bouche et le sexe de sa partenaire ou d'utiliser une digue dentaire.

C'est quoi une fellation ou "pipe " ?

C'est le fait de stimuler le pénis avec la bouche, les lèvres, la langue. Pour ne pas risquer d'attraper des IST, il vaut mieux ne pas se brosser les dents avant ou après, et éviter de recevoir du sperme dans la bouche ou de l'avaler. L'idéal est d'utiliser un préservatif (non lubrifié, c'est plus agréable !) ou une digue dentaire.

Il est aussi utilisé dans surtout chez les homosexuels ; car ça facilité leur mouvement et leur relation.

Les pratiques sexuels

Et en pratique, comment avoir et donner du plaisir ? Voici quelques positions et pratiques parmi des dizaines d'autres possibles. De quoi se faire une idée sur les différentes manières d'aborder la pénétration, cités ci-haut qu'elle soit vaginale ou anale, et le sexe oral (avec la bouche). Bien sûr, ces positions ne sont en rien obligatoires ! Rien ne t'empêche d'en inventer avec ton/ta partenaire et d'en découvrir de nouvelles. En revanche, ce qui est nécessaire, c'est de se protéger. Donc d'avoir toujours un préservatif et du gel à portée de main.
Les pratiques sexuelles couramment utilisées dans nos milieux restes les même presque partout sauf qu'il arrive de fois certains couples ou individu qui aimé inventé de chose, des techniques et surtout selon la circonstance qui se présente et les niveaux de la sécrétion d'endorphine ; qui stimulé l'envie sexuelle, ou encore le désir passager ou le mec et la femme s'apporte et s'envoie à l'air soit sur la voiture, moto, bus, train, bureau,

La femme reste un mystère inconditionnel, difficile à discerne, mais facile à abordé. Les femmes non épanouie écoute trop de la vie sexuelle de leurs amies et s'en triste pour eux-mêmes ; parfois même ; il se tourne vers la masturbation ou se laisse facilement être prise par le conjoint d'une amie si proche ou collègue de travail.

CE QUE LE DESIR DE L'AUTRE AIME

Peu, même beaucoup ou encore plus ; si nous prenons le nombre de témoignage de certains d'entre eux pour parler de ce qu'elles aiment vraiment.

Au finish, elles n'aiment rien parce qu'elles envient tous ; de cheveux à la plante du pied ; et même envie son propos semblable.

Pourtant ce sont des petites choses qu'elles désirent mais personne n'attire l'attention de cela. Et même si tous ces choses y sont, son désir sera toujours ailleurs comme toujours.

Il peut tout faire pour conquérir le cœur d'un homme riche au détriment d'un homme pauvre avec qui, elle a eu à passer des années ensemble dans une relation et après avoir conquis l'homme et même arrivée à faire le mariage ; elle trouve nulle et préfère retournée à son ancien homme pour vu qu'elle retrouve sa place dans le cœur de l'homme à question.

Si l'occasion n'est la permet pas ; elle arrive même à cherche comme conquérir les serviteurs de son mari, ou même les travailleurs de la maison « comme nous renseignes l'histoire de Joseph avec la femme de Putiphar ».

Imagine une femme qui possède tout et un mari disponible à la maison avec une bague à sa main, elle arrive à coucher avec son jardinier ou cuisinier et avoir des enfants avec lui ; cela est due à l'absence de l'effet homme à la maison, l'homme qui peut bien la faire jouir, l'amène au 7ième ciel comme on a tous tendance à dire, l'absence de l'homme qui n'a jamais si lorsque sa femme est satisfaite à moitié ; quelque signe de joie qu'elle vient d'être épanoui ; cela crée de l'isolement dans le couple ;beaucoup sont ce qui sont superficiel avec une femme, croyant qu'il a bien fait son acte sexuel, comme il écouté la femme gémir pu crier pendant ce moment ; ouf, elle est satisfait.

Faux

La femme peut tout faire pour se débarrassée de l'homme sur son corps pendant l'acte sexuel, elle peut crier, pleuré ou gémir soit pour la satisfaction soit pour se débarrassé de l'homme sur lui, plus elle crié, pleure, ou gémir ; le cerveau de l'homme via l'hormone endorphine sera secrété en abondance et il aura l'accélération de l'éjaculation sexuel.

Dans les années 1990, une équipe de chercheurs dirigée par l'anthropologue Helen Fisher a décrypté les phénomènes scientifiques qui se cachent derrière l'amour et le désir. Ils ont divisé l'amour romantique en trois catégories distinctes: le désir, l'attirance et l'attachement, chacun de ces états s'accompagnant d'une réaction chimique du cerveau bien particulière

Ils ont ainsi découvert que le désir, alimenté par la soif de gratification sexuelle, libère des hormones telles que la testostérone et l'œstrogène, qui augmentent la libido d'un individu.
L'attirance correspond quant à elle à un engouement dépassant l'attirance purement sexuelle. C'est le cas lorsque vous n'arrêtez pas de penser à une personne et que vous rêvez de mieux la connaître et de passer plus de temps avec elle, par exemple. Dans de telles situations, des neurotransmetteurs tels que la dopamine ou la norépinephrine sont libérés, ce qui peut déclencher un sentiment d'euphorie, une perte d'appétit ou un besoin en sommeil diminué.
Enfin, la troisième catégorie correspond à l'attachement, ou l'"amour amical ". Comparé au désir et à l'attirance, le sentiment d'attachement sera souvent plus stable, rationnel et durable. Il libère des hormones propres aux liens affectifs, telles que l'ocytocine ou la vasopressine.

Quand vous ressentez du désir, vous avez une envie irrépressible de faire l'amour avec l'autre. Quand vous êtes amoureux, vous voulez faire l'amour avec cette personne mais aussi vous sentir proche d'elle d'un point de vue émotionnel. Vous voulez passer du temps avec votre partenaire et être à l'écoute de ses besoins et de ses sentiments pour vous sentir lié à lui. Vous avez également envie de rencontrer les amis de l'être aimé. Quand vous ressentez seulement du désir, vous êtes plus intéressé par le fait d'avoir des relations sexuelles que par celui d'avoir des conversations intimes avec l'autre."
L'amour se construit sur une gratification à retardement, alors que le désir est satisfait par un plaisir immédiat. Le désir est un sprint ; l'amour, un marathon. L'amour équivaut à l'acceptation, le désir à l'assouvissement

Lorsque vous désirez quelqu'un, vous voulez absolument satisfaire ce désir. Vous avez besoin de son corps ou de sa présence, comme si votre vie en dépendait. A l'inverse, l'amour n'est pas possessif. Vous voudrez certainement partager votre vie avec l'être aimé, mais si vous vous rendez compte qu'il se porte mieux sans vous, vous renoncerez à cette vie commune. Quand vous jugez que le bien-être de la personne aimée compte plus que vos propres envies, c'est que vous êtes amoureux.

On a souvent tendance à voir l'infidélité comme le signe qu'il est temps de mettre fin à une relation. Et pourtant : ce n'est pas parce que l'on n'aime plus son partenaire que l'on peut être tenté d'aller voir ailleurs.

- Infidélité et mutation des mœurs
- Infidélité chronique et fidélité des sentiments
- Crise de couple et force de l'amour
- Infidélité et estime de soi
- Se relever d'une infidélité

Qu'est-ce qui pourrait sauver l'amour ? Apparemment la tromperie. Si l'infidélité est plus souvent considérée comme une trahison et la fin d'un amour.

VI. INFIDELITE

Histoire de la fidélité

Depuis le début du XX siècle, l'amour et le couple se sont démocratisés et ont supplanté progressivement les mariages forcés.

Le couple est désormais synonyme d'amour et non plus de devoir familial.

On se met en couple parce que l'on est amoureux, on divorce ou on se sépare lorsque l'on cesse de s'aimer. Cela signifie que la solidité d'un couple ne tient plus qu'à cette occurrence fragile, éphémère, capricieuse qu'est l'amour.

En théorie, l'adultère devient ainsi plus épisodique : les liaisons parallèles ont perdu de l'intérêt.

Infidélité et mutation des mœurs

"Aujourd'hui, la recherche de l'épanouissement personnel, l'égalité des sexes, la psychologisation de la société et l'affaiblissement de la morale, font que l'adultère est rentré dans les mœurs actuelles", débute-t-elle avant de rappeler que l'adultère était encore puni par la loi jusqu'en 1974. A cette époque, la femme se devait d'être "respectable" et il existait une différence entre celle qu'on épouse et celle avec qui l'on a des relations sexuelles satisfaisantes. C'était alors quasi normal d'avoir une maîtresse. "C'est le changement de statut de la femme dans la société, et donc à l'intérieur du couple qui va transformer l'adultère en ce qu'on nomme à présent : l'infidélité", en ajoutant que de nouvelles pratiques sexuelles telles que l'échangisme n'entre par exemple pas dans le cadre de l'adultère et surtout, qu'il existe deux dimensions à l'infidélité : morale et physique.

En effet, chaque individu a sa définition propre de la fidélité. Pour certaines personnes, embrasser n'est pas tromper, mais coucher avec une autre personne l'est. D'autres estiment que le simple fait d'imaginer tromper son partenaire est aussi grave que de réellement passer à l'acte.

Enfin, pour d'autres, **l'infidélité "physique"** (soit le fait de coucher avec quelqu'un d'autre) est nettement moins grave que **l'infidélité sentimentale** (soit le fait de tomber amoureux d'une autre personne). En acceptant d'avoir une relation exclusive avec quelqu'un, on s'interdit d'avoir des relations sexuelles avec un autre. Et non pas d'avoir des sentiments, chose que nous ne pouvons pas vraiment contrôler.

Infidélité chronique et fidélité des sentiments

Elle dépend des individus d'abord, de leurs valeurs, des promesses qu'ils se sont faites. Cela dépend aussi si l'infidélité est chronique ou si elle est inopinée, juste l'histoire d'un soir.

"En tant qu'être humain, nous fonctionnons tous de la même façon : nous cherchons la satisfaction des pulsions de notre libido, pour reprendre les termes de Freud", expose la psychothérapeute.

Et de poursuivre, "quand nous rencontrons une personne qui nous correspond, nous entrons dans une période plus ou moins longue, cela dépend de chacun, qui permet de répondre à ces besoins, qui nous sont incontrôlables. Quand ladite période se termine, chaque membre du couple opère un retour à la réalité avec une reprise de contact au monde extérieur. Ce qui implique que la libido va pouvoir déplacer son investissement sur d'autres objets. Alors oui, je pense très sincèrement que la séduction, le flirt, l'envie d'un ou d'une autre intervient à un ou plusieurs moments du couple. Après est-ce qu'on y cède ou non ? C'est aussi à cet instant que la frontière entre sexe et amour se dessine. Il ne faut pas jeter la pierre trop rapidement et surtout se demander si cela aurait pu nous arriver…".

Crise de couple et force de l'amour

Evidemment, l'adultère va être le point de départ d'une crise de couple qui elle-même va demander aux partenaires une remise en question, un bilan de couple voire une réorganisation, avant d'avancer ensemble si les deux le souhaitent. "L'infidélité pose une vraie question pour les deux partenaires, à savoir : Pourquoi a-t-elle/il fait ça ? Mais aussi pourquoi me suis-je laissé aller ? Et là est l'enjeu de la pérennité du couple", questionne l'experte. Ce cheminement est nécessaire pour que le couple puisse se relever véritablement de l'épreuve sans non-dits et blessures émotionnelles cachées.

Loin des clichés entourant l'infidélité. L'adultère est-elle forcément la preuve que l'on n'aime plus son partenaire ? Les gens pensent que si l'on trompe son conjoint, c'est soit que quelque chose ne va pas dans la relation, soit que quelque chose ne va pas chez nous. Car si tout va bien, on n'a aucune raison de tromper. Ce qui est faux, puisque la relation parfaite ou le mariage parfait n'existe pas , Et nous n'allons pas voir ailleurs parce que nous recherchons quelqu'un d'autre. Nous allons voir ailleurs parce que nous cherchons un autre nous-même. Ce n'est pas tant que nous voulons quitter la personne avec qui nous sommes, mais plutôt celle que nous sommes devenu.

Pour Aurore Le Moing, tout n'est pas si simple. "Il existe deux types de raisonnement", explique-t-elle. "Dans un premier temps, oui, aller voir ailleurs peut signifier un désintérêt pour la relation actuelle, sans nécessairement s'en rendre compte. Et la fin d'un couple peut être actée par l'infidélité de l'un ou l'autre. Elle servira comme une excuse à la fin de la relation entamée. Dans un second temps, c'est le principe qu'expose Esther Perel dans son ouvrage, l'infidélité peut se positionner sans qu'il n'y ait le moindre souci dans sa vie amoureuse avec son partenaire".

Infidélité et estime de soi

Si l'on a vu l'impact que peut avoir un adultère sur le couple et le lien entre les partenaires, il est également important de prêter attention à l'impact sur l'estime de soi. "Celui qui va tromper peut à nouveau se sentir désirable, aimer, admirer par une nouvelle personne et cette sensation peut s'avérer très agréable, autant que celle de perdre toute confiance en soi après avoir franchi le pas. Et pour celui qui subit la tromperie, c'est la même chose, il peut se sentir complètement désemparer, nul, pas à la hauteur et perdre confiance en lui ou bien tout l'inverse", expose Aurore Le Moing. Difficile à croire et pourtant, la spécialiste nous raconte une anecdote : "Un jour, dans une émission, je ne me rappelle plus laquelle, Françoise Hardy était interviewée sur sa relation avec Jacques Dutronc et ses nombreuses infidélités et elle a dit une chose très juste qui m'a marqué et était, à peu près la suivante : « Il peut faire ce qu'il a, à faire, je ne m'en occupe pas, ce qui importe, c'est que le dimanche soir, devant un film, c'est avec moi qu'il est sur le canapé ». Et j'ai trouvé cette analyse d'une pertinence et d'une force incroyable. C'est une confiance en elle et en leur amour, tout simplement fabuleuse".

Se relever d'une infidélité

Comme déjà précisé plus haut, il est évidemment possible de se relever d'une infidélité dès lors que les deux partenaires soient d'accord, et que celle-ci soit l'objet d'une remise en question. "Je dis toujours à mes patients qu'un couple fonctionne à deux et non tout seul", explique l'experte. "Je leur demande dans un premier temps de me dire pourquoi ils se sont mis ensemble au départ, de se rappeler ce qui leur plaisait chez l'un et l'autre. Puis de retrouver du temps à deux, parler des choses positives accomplies et à venir…
Encore une fois, pas de recette miracle, il faut laisser le temps aux coeurs et aux égos de se réparer.

Si chacun a sa propre définition de l'infidélité, la plus communément admise est la tromperie dite physique (soit le fait de coucher avec quelqu'un d'autre). Mais de nouvelles façons de tromper voient le jour. Émotionnelle, virtuelle... Voici 4 formes d'infidélités qui peuvent altérer la confiance dans le couple.

1. · Fantasmer sur une autre personne
2. · L'infidélité émotionnelle
3. · L'infidélité financière
4. · L'infidélité virtuelle

Aussi curieux que cela puisse paraître, il existe en réalité plusieurs types d'infidélité. Pour le commun des mortels, avoir une relation amoureuse ou sexuelle avec une autre partenaire relève de l'infidélité. Il s'agit de l'infidélité « physique », la plus connue, qui comprend bien souvent baisers, rapports sexuels et relation extraconjugale suivie. Mais saviez-vous que l'on peut être infidèles émotionnellement, virtuellement et même financièrement ?
Voici 4 formes d'infidélités qui peuvent avoir des conséquences tout aussi désastreuses pour la pérennité de votre couple.

Attention toutefois, nous rappelons que la notion de fidélité est fluctuante, et propre à chacune. Pour certaines personnes, embrasser n'est pas tromper, mais coucher l'est. D'autres estiment que l'infidélité sentimentale est nettement plus grave que la tromperie physique. Enfin, dans certains couples, la fidélité physique n'est pas requise : on parle alors de relations libres.

Fantasmer sur une autre personne

On a tous tes des fantasmes, et encore heureux ! Les fantasmes sont l'un des moyens pour un couple de s'épanouir sexuellement. À condition qu'ils ne prennent pas toute la place... Le fantasme exprime par définition un désir. Il est donc légitime de s'interroger s'il concerne quelqu'un que l'on côtoie souvent et s'il devient obsédant. En clair, fantasmer sur le jardinier pour booster sa libido, d'accord, être obnubilée par son collègue de bureau dès que l'on ferme les yeux, non.

L'infidélité émotionnelle

On parle d'infidélité émotionnelle lorsque l'une des deux partenaires échange des émotions et des moments d'intimité (pas forcément sexuelle) avec une autre personne et que cette relation génère des sentiments qui vont au-delà d'une amitié. Pour certaines personnes, ce type d'infidélité, aussi appelée « micro-cheating », est bien pire que la tromperie physique. Une étude datant de 2015 de l'Université Chapman révélait que les femmes et les hommes ont une conception très différente de ce qui constitue l'infidélité. 54% des hommes considèrent la rencontre sexuelle de leur partenaire avec une autre personne comme plus grave que tout autre type de trahison ; alors que pour les femmes, l'infidélité émotionnelle est plus inquiétante.

Qu'entend-on par infidélité ?

"L'infidélité n'est pas que sexuelle, on peut être infidèle à son conjoint de bien d'autres manières. Rien qu'en passant 3 heures tous les soirs sur les jeux vidéo, c'est une manière d'être infidèle. L'infidélité, c'est le fait de privilégier un en-dehors du couple, que le conjoint se sente seul, un peu délaissé et en

souffre. Elle peut être sexuelle, affective, à travers le travail... en tout cas on va donner ailleurs quelque chose que le conjoint attend". L'infidélité peut aussi être mentale, quand un attachement extérieur prend un peu trop de place, comme dans le cas d'un ex auquel on pense tout le temps.
Tout est une question de valeurs, d'éducation reçue, de religion parfois. D'où l'importance de mettre des mots sur ce qu'on attend de la vie de couple : exclusivité sexuelle ou affective, ou indépendance.

L'infidélité féminine en augmentation

De plus en plus d'hommes et de femmes sont infidèles. Mais on remarque une nette augmentation dans l'infidélité féminine.
Il y a un réel changement de mentalité car jusqu'à il y a peu, les femmes étaient condamnées en cas d'infidélité, ce qui n'est plus le cas aujourd'hui dans nos pays occidentaux. Par ailleurs, elles ont maintenant les moyens financiers d'être infidèles.

Aujourd'hui, il faut avoir une sexualité épanouie, même au-delà des premiers temps. Souvent entre 40 et 55 ans, aussi bien du côté féminin que masculin, il arrive que des doutes sur sa séduction et sa sexualité poussent à être infidèle. L'arrivée d'un enfant déstabilise, le couple devient parents et le regard sur soi et sur l'autre change.

Les femmes deviennent parfois trop mères, oublient leur relation de couple, sont moins disponibles à la sexualité et à l'attention à l'autre, ce qui peut générer l'infidélité au bout de quelque temps. A l'inverse, certaines femmes se sentent enfermées par leur conjoint dans leur rôle de mère et vont chercher ailleurs l'attention, le regard de séduction qui leur permet de se retrouver femmes.

Les plaintes de l'un ou l'autre conjoint sont des alertes qu'il faut entendre. Une tierce personne peut aider à prendre un peu de recul et rétablir une harmonie dans la relation. Aucun thérapeute n'encourage à l'infidélité car il y a souvent derrière de la souffrance. Il est là pour accueillir la personne, l'aider à comprendre ses motivations et accompagner son chemin.

"L'infidélité, c'est le fait de privilégier un en-dehors du couple" *© Tous droits réservés*

Certains profils sont plus enclins à l'infidélité

Comme les manipulateurs et les personnes qui sont hypersexuelles et ne se satisfont pas de leur relation de couple. Certains événements de la vie peuvent aussi provoquer cette envie 'd'en-dehors'.

L'infidélité est rarement un épisode isolé, que ce soit au sein d'un même couple ou dans le cas de nouvelles relations. Ce qui permet de ne pas recommencer, c'est de comprendre ce qui s'est passé et de décider de rester dans une fidélité à l'autre.

Comment rester fidèle à soi-même ?

"C'est un chemin de toute une vie. Cela demande de bien se connaître, dans ses valeurs, dans ses qualités, dans ses talents et aussi dans ses limites. Et du coup de pouvoir poser des choix en conscience. Quand on est en couple, ce n'est pas toujours facile d'avoir ce temps de discernement. On est pris dans la vie quotidienne et dans la relation, et c'est là où on peut se perdre. Certaines personnes étouffent dans cette relation et vont voir ailleurs pour se retrouver, pour exister."

Comment se remettre d'un aveu d'infidélité ?

On ne peut pas aimer plusieurs personnes avec la même intensité. L'amour se construit au long cours. En cas d'infidélité, c'est cet amour-là, cette construction-là dans le lien qui est blessée. Ça traumatise, car on a la sensation d'être trahi dans ce qu'on a donné, dans ce qu'on a partagé et ce qu'on souhaite encore partager. C'est une blessure narcissique d'abord et une perte de confiance totale vis-à-vis de l'autre.

Il faut beaucoup de temps pour en sortir en essayant de comprendre, en voyant ce qu'il faut changer si on veut continuer la relation, car elle ne sera plus jamais la même. Il faut restaurer la confiance. La résilience est possible par la volonté des deux, au rythme de chacun. Tout est possible dans un couple, il a des ressources qu'on n'imagine pas. On peut se réduire, réveiller sa relation. Plus on avance en âge, plus la relation peut changer de couleur, on n'est pas les mêmes à 20 ans qu'à 50 ans.

Mais la rupture est plus souvent la norme, bien que généralement ce ne soit pas le vœu de la personne infidèle, ni bien sûr celui de la personne trompée.

Pas nécessairement au sens sexuel, pas nécessairement au sens d'engagement pour toute la vie. La fidélité est restée une valeur parce qu'elle a changé de sens. Aujourd'hui, on attend de son partenaire réconfort, sécurité dans un monde de plus en plus incertain. Ce sont avant tout des qualités "relationnelles" qui importent dans le couple. Cela ne signifie pas que l'infidélité sexuelle est anodine mais elle n'est pas au centre de la définition du couple contemporain.

L'adultère désigne le fait d'entretenir une liaison extraconjugale. Les causes pour lesquelles un partenaire décide de se lancer dans une aventure extraconjugale sont nombreuses.

Où commence l'infidélité et peut-on la pardonner ? Dans cet article, nous expliquons tout ce qu'il faut savoir sur l'adultère, pourquoi tromper son partenaire et les conséquences de cet acte.

La fidélité, qu'est-ce que c'est ?

Le mot « fidélité » est issu du latin « fidelitas » qui renvoi à la notion de foi, synonyme de confiance et de loyauté, deux valeurs appréciées au sein d'un couple.

La fidélité est une preuve de « la constance dans les affections et les sentiments » mais reste une notion extrêmement difficile à définir parce que fluctuante, personnelle, fonction de la culture, de l'époque ou de l'âge des partenaires.

Ainsi, un esprit libertin ne percevra pas l'infidélité de la même manière qu'une personne plus conservatrice. Par ailleurs, elle pose le problème de la promesse : comment est-il possible pour une personne de garantir la constance de ses propres sentiments ?

La fidélité sexuelle est un fondement incontournable de la grande majorité des couples des sociétés occidentales.

Bien souvent, la fidélité sexuelle n'est qu'un contrat implicite : on définit rarement son périmètre. Il s'agit d'une exigence d'exclusivité d'un territoire aux limites floues : l'intimité, les fantasmes, les projets, les rêveries n'appartiennent plus qu'à l'un et à l'autre uniquement.

Certains éléments comme le passé sexuel, les plaisirs solitaires, les secrets, les fantasmes, les attirances, échappent à ce territoire commun et sont donc susceptibles d'ébranler les fondations du couple.

Motifs de l'adultère

Souvent, la personne qui commet l'adultère dit que c'est une nécessité psychique, presque vitale.

Puisqu'aujourd'hui, il est facile de rompre avec son ou sa partenaire, quels peuvent être les motifs des personnes qui commettent un adultère ?

La forte poussée d'individualisme n'est sans doute pas étrangère au phénomène. L'épanouissement individuel, y compris au niveau sexuel, est au centre de nos préoccupations. L'assouvissement de tous les désirs doit être immédiat.

Le couple est confronté à une pression sociale de performance, puisque l'insatisfaction de la part d'un des partenaires pourra rapidement mettre le couple en danger.

En effet, le ou la partenaire insatisfait(e) peut être tenté(e) d'aller chercher ailleurs ce qui lui manque au sein du couple.

Facteurs de risques

Les couples précoces qui n'ont pas ou très peu vécu d'autres histoires d'amour, ressentent parfois le besoin de faire le point, de revoir leur contrat d'engagement à un moment particulier de leur vie.

Ces couples sont donc davantage susceptibles de commettre une forme d'adultère.

Mille et une raisons ont été invoquées pour expliquer les écarts de l'homme, parmi lesquels l'impossibilité biologique de contrôler ses pulsions.

Les différents types d'adultères

La relation sexuelle passagère

La relation sexuelle passagère est une relation sans lendemain avec une implication affective nulle ou presque.

La « consommation » est réduite à sa plus simple expression : les personnes savent qu'elles ne se reverront vraisemblablement jamais et tout échange autre que physique est exclu.

L'aventure

L'aventure est une relation sexuelle relativement superficielle, mais elle regroupe à la fois l'exploration du corps et le désir de découverte de la personnalité de l'autre.

Il y a une implication émotionnelle indéniable, et ce même si l'aventure ne dure que le temps d'une soirée. « L'aventure, même très courte, laisse dans la mémoire sa trace comme un événement singulier qui n'a pas son équivalent ailleurs. Parce qu'elle est déjà une rencontre des "personnes" et non pas des seuls corps ».

C'est le caractère éphémère de l'aventure qui stimule le partenaire infidèle, mais sa durée dans le temps est limitée.

La liaison sexuelle durable

Ce type de liaison sexuelle se distingue surtout par sa durée : à la sensualité de l'aventure, s'ajoute une forme de tendresse et d'attachement facilités par la répétition des rencontres.

L'intérêt sexuel ou érotique des premiers échanges se transforme peu à peu en intérêts humains, sans que les partenaires en aient forcément conscience.

Le quotidien routinier est évité dans la mesure où la relation est instable, cachée et secrète.

La liaison amoureuse

La liaison amoureuse peut dériver d'une liaison sexuelle durable alors que le sentiment amoureux était au départ exclu. Elle peut également être inscrite dès le départ de la relation. C'est l'adultère le plus complexe.

Le partenaire infidèle doit faire un choix rapide : dissoudre son couple conjugal afin d'en former un nouveau ou mettre fin à la liaison amoureuse.

Bien souvent, les éléments dont dispose le partenaire infidèle sont biaisés : la liaison amoureuse est une véritable Lune de miel en permanence, puisqu'elle se trouve en marge de la vie quotidienne et de ses obligations.

En clair, les sentiments sont authentiques, mais la situation est artificielle. Le couple secret ne peut tester sa force et son existence qu'à la lueur des difficultés réelles de la vie quotidienne.

L'adultère de la femme

La tendance des femmes à aller voir ailleurs a fait couler beaucoup d'encre par le passé. Aujourd'hui encore, les différentes théories vont bon train.

Pour le psychanalyste E. Bergler, « une femme éprise d'un homme n'éprouve aucun intérêt sexuel pour les autres hommes ». Cela signifie que la femme veut constamment être aimée, désirée, se sentir choisie, élue, le centre de l'attention de son partenaire. Il s'agit d'une expérimentation de l'amour davantage narcissique.

Pour C. Barani, c'est cette même tendance qui incite certaines femmes à passer d'un amour à l'autre, pour atteindre un amour idéalisé : on parle du syndrome d'Emma Bovary.

Vengeance

La femme peut également se montrer infidèle par désir de vengeance : c'est l'infidélité-représailles. Elle peut survenir lorsque la fierté de la femme a été atteinte par son partenaire.

La femme cherchera alors à réparer le tort qui lui a été fait en agissant de la même manière.

C. Barani ajoute que « si le mari apprend que sa femme l'a trompé à son tour, il réagit en général fort mal devant un affront qui lui paraît infiniment plus grave que celui qu'il a infligé lui-même, et le premier, à sa femme ».

La fidélité est-elle naturelle ?

C'est une question qui fait souvent débat : l'homme est-il né pour être monogame ?

Les chercheurs et auteurs ne parviennent pas à s'entendre sur le sujet.

D'un côté, les cultures et sociétés humaines sont et ont été nombreuses à pratiquer la polygamie, d'un autre côté, la psychologie de l'homme semble l'inciter à former un couple avec un unique conjoint comme de nombreux autres animaux.

D'un point de vue darwinien, l'adultère du mâle pourrait s'expliquer par le désir de maximiser ses chances de reproduction.

Pourquoi trompe-t-on son partenaire ? Les chiffres.

Situation d'adultère

Pour quelle raison vous êtes-vous déjà retrouvé en situation d'adultère ?

- Par amour ou par désir pour une autre personne (50 %) ;
- pour vivre une expérience différente (30 %) ;
- pour vous venger de l'infidélité de votre conjoint(e) (22 %) ;
- pour pimenter votre vie intime (15 %) ;
- pour vous accorder une parenthèse dans votre vie de couple (13 %) ;
- pour rendre votre conjoint(e) jaloux/jalouse (4 %).

Être infidèle

- Pour vous, est-ce que faire les choses suivantes, c'est déjà être iAvoir une relation sexuelle suivie avec un autre partenaire (95 % disent oui) ;
- entretenir une relation sexuelle ponctuelle sans amour pour la personne (90 % disent oui) ;
- embrasser une autre personne sur la bouche (74 % disent oui) ;
- tomber amoureux d'une autre personne, mais sans passer à l'acte (58 % disent oui) ;
- flirter (en soirée, au bureau…) (52 % disent oui) ;
- avoir des moments de complicité avec une personne du sexe opposé (restaurant, cinéma) (37 % disent oui) ;
- dialoguer fréquemment avec une autre personne sur internet (22 % disent oui).

Pardonner

Seriez-vous capable de pardonner l'infidélité de votre conjoint(e) ?

- Non jamais (45 %) ;

- oui, sous certaines conditions (39 %).

Résultat d'un adultère

Qu'est-ce que ça apporte à celui qui commet l'adultère ?

- L'infidélité permet de doper l'estime de soi (de se sentir à nouveau désirable…) (49 %) ;
- l'infidélité permet d'assouvir ses fantasmes (38 %) ;
- l'infidélité permet d'être soi-même en vivant des expériences qu'on ne s'autorise pas autrement (24 %) ;
- l'infidélité permet parfois de sauver son couple en s'accordant des moments de liberté (20 %).

Un big salutation à **Feza et Mwevi**

Printed by Books on Demand GmbH, Norderstedt / Germany